Mon corps
EN SANTÉ

D1082353

Pourquoi je dors

Angela Royston
Texte français de Louise Binette

Éditions
SCHOLASTIC

Catalogage avant publication de Bibliothèque et Archives Canada

Royston, Angela

[Why do I sleep? Français]

Pourquoi je dors / Angela Royston ; texte français de Louise Binette.

(Mon corps en santé)

Traduction de : Why do I sleep?

ISBN 978-1-4431-5379-9 (couverture souple)

1. Sommeil--Ouvrages pour la jeunesse. I. Titre. II. Titre: Why do I sleep? Français.

QP425.R5914 2017   j612.8'21   C2016-903903-X

Édition publiée par les Éditions Scholastic, 604, rue King Ouest, Toronto (Ontario) M5V 1E1 avec la permission de QED Publishing.

5 4 3 2 1   Imprimé en Chine CP141   17 18 19 20 21

Références photographiques

(h = haut, b = bas, g = gauche, d = droit, c = centre, f = fond pc = page de couverture)

Corbis Brigitte Sporrer/zefa/5h, Lisa B 12h, Randy Faris 12b, Heide Benser/zefa 13b, G Baden/zefa 14

Getty Images Mrs_2015 pc, Steve Shott 4, Lonnie Duka 10, Kate Powers 20

Shutterstock Ljupco Smokovski 6/7, JPC-PROD 7b, Juriah Mosin 8, Gladskikh Tatiana 9, VaLiza 11, Anna Tamila 12h f, Monkey Business Images 13h, Imcsike 15, sonya etchison 16, Tatiana Mironenko 17h, wavebreakmedia 17b, Rebecca Abell 18, Leah-Anne Thompson 19h, Monkey Business Images 19b, Karen Struthers 21h, Monkey Business Images 21b

Les mots en **caractères gras** sont expliqués dans le glossaire, à la page 22.

Directrice artistique : Miranda Snow
Conception graphique de la collection : Starry Dog Books Ltd
Consultante : Kristina Routh

Table des matières

Pourquoi dormons-nous?

Nous dormons parce que nous sommes fatigués. Le sommeil permet à notre corps et surtout à nos muscles de se reposer.

Quand nous sommes très fatigués, nos yeux ont tendance à se fermer.

Dormir permet aussi au cerveau de récupérer. Lorsque nous dormons profondément, nous n'avons conscience de rien.

4

Après une bonne nuit de sommeil, nous nous réveillons reposés et débordants d'énergie.

Les enfants ont besoin de beaucoup de sommeil pour rester en forme et en bonne santé.

Lundi 10 heures de sommeil. Pas de rêve. Réveillé tout seul.

Mardi 11 heures de sommeil. Pas de rêve. Réveillé par maman.

Mercredi 9 heures de sommeil. Deux rêves. Réveillé tout seul.

Activité

Tiens un journal pour mieux connaître tes habitudes de sommeil.
Combien d'heures dors-tu?
Fais-tu des **rêves**?
Te réveilles-tu tout seul?

5

Notre corps endormi

Quand nous dormons, notre respiration ralentit, nos muscles **se détendent** et notre **cœur** bat plus lentement. Pendant le sommeil, le **cerveau** met de l'ordre dans les événements de la journée. Il se prépare aussi pour le lendemain.

Le corps se refroidit un peu quand nous dormons.

Cerveau

Cœur

Poumons

Graphique de sommeil

Éveil

Phase de rêve

Sommeil profond

Nombre d'heures après le coucher

1 2 3 4 5 6 7 8

Le sommeil traverse plusieurs phases durant la nuit. Au début, il est profond, mais au bout de quelques heures, il devient plus léger.

Ce graphique montre combien de temps dure chaque phase de sommeil.

Activité

Si tu as du mal à t'endormir, essaie cette activité dans ton lit. Ferme les yeux, puis inspire et expire lentement. Ne pense qu'à ta respiration. Ainsi tu calmeras ton esprit et tu ralentiras les battements de ton cœur.

L'heure du coucher

Adopter une **routine du coucher** chaque soir contribue à nous détendre et à nous endormir plus vite.

Se laver le visage et se brosser les dents sont des étapes essentielles de la routine du coucher.

Écouter de la musique ou lire une histoire permet de se détendre avant d'aller au lit. Il vaut mieux éviter les jeux vidéo et la télévision. Ces activités sont trop stimulantes pour le cerveau.

Activité

À l'heure du coucher, allonge-toi dans ton lit et détends ton corps petit à petit. Commence par tes pieds, puis relaxe tes jambes, ton ventre, tes bras, tes mains et ton visage.

Lire une histoire apporte calme et bien-être.

Dormir suffisamment

La majorité des enfants ont besoin de 10 à 11 heures de sommeil par nuit. Les enfants doivent dormir davantage que les adultes, car leur corps et leur cerveau sont en pleine croissance.

En général, nous dormons mieux dans une chambre sombre et silencieuse.

Il est préférable de se coucher tous les soirs à la même heure. De cette façon, le cerveau s'habitue à s'endormir toujours au même moment. De plus, ton lit est plus confortable s'il n'est pas rempli de jouets.

Utilise un réveil pour te lever à la même heure chaque matin.

11

Les rêves

Les rêves sont comme des histoires qui se déroulent dans notre esprit pendant que nous dormons.
Nous faisons environ cinq rêves par nuit, mais en général nous nous en souvenons seulement quand ils sont interrompus.

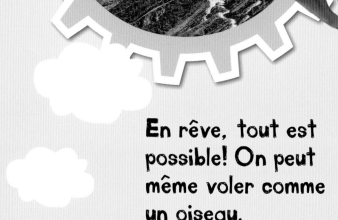

En rêve, tout est possible! On peut même voler comme un oiseau.

Activité

Partage tes rêves! Souviens-toi d'un rêve que tu as fait et décris-le à un ami. Puis écoute ton ami te raconter le sien.

Les rêves sont souvent étranges et confus. Ils aident l'esprit à trier et à mémoriser des choses. Certains rêves sont agréables, mais d'autres peuvent être angoissants.

Si tu fais un cauchemar, rappelle-toi que ce n'est pas réel et que les rêves prennent fin dès qu'on se réveille.

Se réveiller la nuit

Bien des gens se réveillent la nuit. Certains ont du mal à se rendormir. Si cela t'arrive, essaie de te détendre et laisse-toi gagner par le sommeil de nouveau.

Serrer ton toutou préféré contre toi peut t'aider à te rendormir.

Si tu dois te lever la nuit pour aller aux toilettes, essaie de boire moins après le souper. Si tu te réveilles en toussant, quelques gorgées d'eau apaiseront la toux.

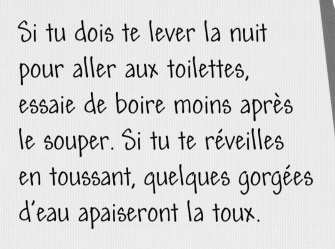

Activité

As-tu déjà compté des moutons imaginaires pour t'endormir? Certaines personnes le font. Demande à tes amis ce qui fonctionne bien pour eux.

Garde un verre d'eau près de ton lit au cas où tu aurais soif durant la nuit.

Le manque de sommeil

Quand nous ne dormons pas assez, le lendemain nous sommes fatigués... et parfois un peu grognons aussi!

Les bâillements indiquent que nous sommes fatigués et que nous devons dormir.

Le cerveau travaille moins bien quand nous sommes fatigués. Nous apprenons avec plus de difficulté et faisons davantage d'erreurs.

Si tu es fatigué en classe, tu auras plus de mal à retenir ce qu'on t'enseigne.

Activité

Si tu n'arrives pas à dormir parce que quelque chose t'inquiète, confie-toi à tes parents ou à la personne qui s'occupe de toi.

Dormir le jour

Les bébés et les petits enfants dorment le jour et la nuit. Ils ont besoin de plus de sommeil, car ils grandissent très vite. Les enfants plus âgés qui dorment suffisamment la nuit ne devraient pas avoir besoin de sieste le jour.

Les bébés s'endorment souvent à la même heure chaque jour.

Activité

Certains prétendent que bâiller est contagieux. Fais le test en bâillant bruyamment devant d'autres personnes. Se mettent-elles à bâiller elles aussi?

Si tu es malade, tu auras peut-être besoin de dormir durant le jour. Le sommeil aide le corps à combattre la maladie et à guérir plus vite.

Quand tu es malade, le sommeil aide à te remettre sur pied.

19

Le repos et la détente

C'est bien de s'accorder une pause chaque jour pour se détendre. Le repos aide le corps à récupérer après une activité ou une séance d'exercice.

Le repos permet de reprendre son souffle quand on fait du sport.

Après avoir travaillé fort à l'école, détends-toi et change-toi les idées. Tu peux choisir un jeu calme, regarder la télévision, lire un livre ou écouter de la musique.

Faire un casse-tête est une activité calme qui détend.

Activité

Après le repas, accorde-toi une pause pour permette à ton corps de digérer.
Tu peux dessiner, lire ou bavarder avec tes amis.

Glossaire

Cerveau

À l'intérieur de la tête, le cerveau contrôle toutes les parties du corps. Presque tout le cerveau continue à travailler quand nous dormons. Seule la zone qui nous rend conscients de ce qui se passe autour de nous se met « en veille ».

Cœur

Le cœur pompe le sang vers les poumons et partout dans le corps. Il bat plus lentement quand nous dormons, sauf quand nous faisons un rêve palpitant. Il bat plus vite quand nous sommes très actifs.

Détendre (se)

Quand nous nous détendons, nous nous reposons et devenons plus calmes. Nous détendons notre corps quand nous relâchons nos muscles. Nous détendons notre esprit quand nous faisons une activité calme et apaisante.

Rêves

Nous faisons des rêves quand nous dormons. Nous voyons, ressentons et entendons des choses qui nous semblent réelles, mais qui ne le sont pas. Pendant un rêve, les yeux bougent sous les paupières même si celles-ci restent fermées.

Routine du coucher

La routine du coucher consiste à adopter les mêmes habitudes chaque soir avant d'aller au lit.

22

Index

POUR ALLER PLUS LOIN

❀ Parlez aux enfants de l'importance du sommeil pour la santé du corps et de l'esprit. Expliquez-leur que le sommeil permet au cerveau de se reposer et de récupérer durant la nuit. Dormir aide le corps à faire le plein d'énergie, à être bien alerte, et aussi à combattre les microbes.

❀ Demandez aux enfants quelle est leur routine du coucher préférée. Il peut s'agir de prendre un bain moussant, de se brosser les dents et de lire une histoire.

❀ Apprenez à reconnaître les signes d'un manque de sommeil chez les enfants. Sont-ils souvent fatigués durant la journée ou ont-ils de la difficulté à se concentrer? Le besoin de sommeil varie d'un enfant à l'autre, mais la plupart des enfants de 6 à 9 ans devraient dormir environ 10 heures par nuit.

❀ Si un enfant ne dort pas suffisamment, discutez avec lui de l'heure à laquelle il devrait aller au lit pour avoir une bonne nuit de sommeil. Il devrait se coucher à cette heure-là tous les soirs.

❀ Dans le cas d'un enfant qui se réveille souvent la nuit ou qui fait de nombreux cauchemars, tentez de découvrir ce qui pourrait le perturber. Expliquez-lui qu'un rêve n'est pas réel. Amusez-vous à inventer des rêves dans lesquels se produisent des faits absurdes et impossibles.

❀ Parlez des animaux nocturnes qui dorment le jour. Apprenez-en davantage sur les chauves-souris et les hiboux qui chassent la nuit.